Warren Buffett kompakt

Diese Buch erhebt nicht den Anspruch fachlich absolut zu sein. Auch kann keine Gewährleistung dafür übernommen werden das die hier vorgestellten Methoden einen Finanziellenerfolg garantieren oder vor Finanziellenverlusten schützen. Dieses Buch soll lediglich dazu dienen interessierten Menschen den Einstieg in den Börsenhandel zu vereinfachen in dem es einige Grundstrategien und Begriffe erklärt die den täglichen Umgang mit der Börse vereinfachen. Da jeder mal klein angefangen hat und auch jeder mit genug Ehrgeiz das Zeug zum Großinvestor hat, wurde in diesem Buch als Beispiel der Werdegang der Investorenlegende Warren Buffet gewählt. Niemand sonst in der Finanzwelt verkörpert die Möglichkeiten die an den Kapitalmärkten geboten werden mehr als Warren Buffett.

Inhaltsangabe:

Warren Buffett

Warren Buffett ist das 2te Kind des Kongressabgeordneten Howard Buffett und seiner Frau Leila. Geboren wurde Warren Buffett am 30ten August 1930 in Omaha Nebraska. Sein erstes Geld verdiente Warren Buffett mit 6 Jahren, indem er Coca Cola Sixpacks für 25cent kaufte und die Flaschen dann einzeln für 5 cent je Flasche verkaufte. Später verdiente er Geld mit dem Verkauf von gebrauchten Golfbällen, als Zeitungsbote sowie dem vermieten von Flipperautomaten. Bereits mit 14 Jahren kaufte er dann eine 16 Hektar große Farm, die er verpachtete. Mit 17 Jahren kaufte er mit 2 Freunden einen Rolls Royce für 350,00$ der dann für 35,00$ am Tag vermietet wurde.

Die erste Erfahrung mit Aktien machte Warren Buffett mit 11 Jahren im Unternehmen seines Vaters (Buffett-Falk & Company), dort erwarb er 3 Vorzugsaktien des Unternehmens Cities Service (später Citgo Petroleum Corporation) zum Kaufpreis von 38,25$ je Aktie. Nachdem der Kurs zwischenzeitlich auf 27,00$ gefallen war verkaufte er die Aktien später zu einem Kurs von 40,00$.

Nach Studien an der Wharton School und der University of Nebraska erreichte er 1951 an der Columbia University in New York den Master in Economics. Einer seiner Lehrer dort war Benjamin Graham der spätere Vater der Fundamentalanalyse. Im Anschluss an sein Studium arbeitet er in der Firma seines Vaters. Während dieser Tätigkeit absolviert er einen Dale – Carnegie – Kurs für Kommunikation und Menschenführung und hielt daraufhin seine erste Vorlesung an der University Nebraska zum Thema Investment Principles. 1952 heiratete Buffett Susan Thompson, aus der

Ehe mit Susan gingen 3 Kinder hervor, Howard Buffet, Susie Buffet und Peter Buffett. Die Partnerschaft der beiden hielt bis zu Susan´s Tod im Jahre 2004.

1954 hat er dann das Angebot seines ehemaligen Lehrers Benjamin Graham angenommen, in dessen Firma Graham – Newman, als Wertpapieranalyst zu Arbeiten. Nachdem Benjamin Graham sich 1956 aus seiner Firma ins Privatleben zurückgezogen hatte, gründete Warren Buffett am 1. Mai 1956 seine erste eigene Kommanditgesellschaft Buffett Partnership. Er selbst zahlte als erst Einlage lediglich einen symbolischen Betrag von 100$ ein. Weitere 105.000$ wurden von 7 Verwandten und Bekannten eingezahlt. In den folgenden Jahren legte der Investmentpool deutlich an Einlagenvermögen und Teilnehmern zu. In der Zeit von 1956 bis 1969 erzielte Warren Buffett mit seinen Investments einen durchschnittlichen Ertrag von 29,50% Jährlich. Warren Buffett selbst erhielt in dieser Zeit einen Erfolgsanteil von 25% des über 6% hinausgehenden Anlageergebnisses. Aus einer Anfangseinlage von 10.000$ in seinem Investmentpool wurden so, nach Abzug des Erfolgshonorars für Buffett, traumhafte 150.000$! Wer dieselben 10.000$ im gleichen Zeitraum im Dow-Jones-Index angelegt hat, hätte lediglich einen Ertrag von 15.000$ erwirtschaftet.

1958 erwirbt Buffett in Ohama ein Haus zum Preis von 31500$, in dem er bis heute wohnt. Als zum Ende der 60er Jahre die Wallstreet immer spekulativer wurde, beunruhigte Warren die veränderte Atmosphäre da die neuen Bedingungen nicht dem langfristigen Denken seiner Investments entsprachen.

Zur damaligen Zeit wurde zunehmend auf kurzfristige Kurssteigerungen mit mehr oder weniger hochspekulativen Aktien und Investmentfonds gesetzt, um damit dann in möglichst kurzer Zeit möglichst hohe Renditen zu erzielen. Nachhaltigkeit und eine stabile Entwicklung zählten zu dieser Zeit immer weniger.

So kam es, dass Buffett 1967 in einem Brief an seine Anleger schrieb: „Ich kann mit den herrschenden Bedingungen nichts mehr anfangen." Nachdem in den Jahren 1969 bis 1971 die hochspekulativen Aktien und Investmentfonds zusammenbrachen wurden die 60er Jahre später als die „Go – Go – Years" bekannt. Konsequenterweise löste Buffett 1969 seinen Investmentpool auf. Seinen Anlegern der Buffett Partnership bot er an Ihre Einlagen aus dem Investmentpool in Anteile von Berkshire Hathaway anzulegen. Der damalige Kurs von einer Berkshire Hathaway Aktie betrug ca. 43,00$ je Anteil. Der Wert eines Berkshire Anteils kletterte dann von 1969 bis Anfang 2008 auf ca. 130.000$! Buffett hatte bereits 1965 eine Mehrheit an Berkshire Hathaway erworben und wurde damit zum Vorsitzenden des Unternehmens. Berkshire Hathaway ging 1955 aus einer Fusion der Textilfirmen Berkshire Fine Spinning und Hathaway Manufacturing hervor. Schon nach kurzer Zeit erkannte Buffett, dass die Textilindustrie in den USA keine allzu große Zukunft hatte (später bezeichnete Er selber den Kauf als Fehler).

Nach dieser Einsicht begann Buffett das noch vorhandene Restkapital in Textilfremde-Investitionen umzuleiten. In den folgenden Jahren diente Berkshire Hathaway als Plattform für weitere Investitionen sowie Zukäufe verschiedenster Art.

Der Textilbetrieb wurde dagegen immer weiter zurückgefahren, bis die Produktion 1985 endgültig eingestellt wurde. Noch während die Berkshire Hathaway von Buffet nach und nach abgewickelt wurde erwarb Buffett 1967 die Versicherung National Indemnity und 1969 noch die Bank Illinois National. Im Nachhinein war der Kauf von National Indemnity laut Buffett die wichtigste Kraft für das Wachstum von Hathaway Berkshire. Einer breiten Öffentlichkeit war Warren Buffett zu dieser Zeit trotz seiner Erfolge noch unbekannt.

Dies änderte sich erst 1972 als der Finanzbuch Autor W. Goodman, den meisten Menschen eher bekannt unter seinem Pseudonym „Adam Smith", Warren Buffett und Benjamin Graham ein eigenes Kapitel in seinem Buch „Supermoney" widmete. Zu dieser Zeit besaß Buffett neben Berkshire Hathaway noch diverse weitere Beteiligungen, unter anderen an Diversifield Retailing und Blue Chip Stamps. Beide Unternehmen wurden von Buffett mit Berkshire Hathaway fusioniert, nachdem Mitte der 70er Jahre die Amerikanische Börsenaufsicht SEC wegen vermuteter Interessenkonflikte gegen Buffett ermittelte.

Anlass war unter anderen das Blue Chip Stamps ebenfalls eine Art Investmentholding war. Erst wurde Diversifield Retailing 1979 mit Berkshire Hathaway fusioniert, 1982 folgte dann auch Blue Chips Stamps.

Der Zusammenbruch der hochspekulativen Aktien an der Wall Street Ende der 60er Jahre, führte zu einer Kapitalflucht, hin zu soliden Unternehmen mit ordentlichen Gewinnen und verlässlichen Erfolgsgeschichten. Man orientierte sich, nach den Investitionen in mehr oder weniger spekulative Titel, wieder an nachhaltigen Werten. Sicherheit und langfristig konstanten Erträgen wurde wieder der Vorzug gegeben.

Allerings wurden nun durch die Verschiebung des Kapitals in so genannte „Nifty – Fifty", oder „Vestal – Virgins" auch die Kurse dieser Unternehmen in immer spekulativere Höhen getrieben. Die dadurch entstandene Spekulationsblase wuchs bis 1973/74 weiter, um dann ebenfalls zu platzen. Das Ende dieser Spekulationsblase führte zu den schlimmsten Kursverlusten seit der Großen Depression von 1929. Buffett meldete sich daraufhin 1974 öffentlich zu Wort, in einem Forbes-Interview sagte Buffet:„Jetzt ist die Zeit zu investieren und reich zu werden." Buffett selbst hatte bereits vor 1974 weitere Beteiligungen an verschiedenen Unternehmen erworben. Als besonders guter Zukauf sollten sich die Beteiligungen an der Washington Post (1973) und der Erwerb des Süßwarenherstellers See´s Candies (1972) herrausstellen. Beide Anlagen sind bis heute sehr Profitabel.

Buffets Frau Susan entschied sich 1977 nach 25 Jahren Ehe nicht weiter mit Buffett zusammen zu leben. Sie zog nach San Francisco, um dort als Sängerin und Politische Aktivistin zu arbeiten. Unabhängig von dieser Entwicklung hielt Sie aber ihre Partnerschaft mit Buffett bis zu Ihrem Tod 2004 aufrecht. Susan machte Buffett sogar mit seiner späteren Lebensgefährtin Astrid Menks bekannt. Mit dem Einverständnis von Susan zog Astrid mit Buffett zusammen und wurde zu Buffetts ständiger Begleiterin. Susan und Warren traten in der Öffentlichkeit weiter als Paar auf. Gleichzeitig blieben Susan und Astrid weiterhin Freundinnen.

Freunde bekamen oft Einladungen die von allen drei Unterschrieben wurden. Die Ehe mit Susan blieb bis zu Ihrem Tod 2004 bestehen. Nachdem Tod von Susan, heiratete Buffett Astrid Menks im Haus seiner Tochter Susi an seinem 76ten Geburtstag.

In den 80er Jahren sorgte Buffett für Schlagzeilen weil er größere Aktienbestände bekannter Unternehmen wie zum Beispiel Coca Cola, American Express, oder Gillette aufbaute. Trotzdem kaufte er immer wieder auch ganze Unternehmen, unter anderem den erfolgreichen Möbelhersteller Nebraska Furniture Mart. Öffentliches Aufsehen erregte Buffett auch 1983 mit der Rettung von Salomon Brothers. Das Wall Street Haus Salomon Brothers war durch einen Skandal um Manipulation bei der Versteigerung amerikanischer Staatsanleihen in existenzieller Not geraten und wurde von Buffett vor dem Untergang gerettet. Durch diese Vorgehensweise ist Berkshire Hathaway Heute neben ihren passiven Beteiligungen in über 60 Geschäftsfeldern mit eigenen Gesellschaften tätig.

Unter anderen im Möbelgeschäft (R.C. Wiley), im Schuhgeschäft (H.H. Brown), im Bekleidungsgeschäft (Fruit of the Loom), Jet-Sharing (Net Jets), Juweliere (Borsheims), Zeitungen (The Buffalo News), Nachrichten Verbreitung (Business Wire), Lebensmittelgroßhandel (Mc Lane) und Süßwaren (See´s Candies). Die Schwerpunkttätigkeit von Berkshire Hathaway liegt heute allerdings im Geschäftsfeld der Erst- und Rückversicherer .

In diesem Geschäftsfeld ist Berkshire Hathaway vertretendurch die Berkshire Hathaway Reinsurance Group, der Berkshire Hathaway Primary Group, GEICO (fünfgrößter Kfz Versicherer der USA) und Gerneral Re (viertgrößter Rückversicherer der Welt). Mit der Berkshire Hathaway Reinsurance Group ist die Berkshire Hathaway Weltweit führend im Geschäftsfeld der sogenannten "Super-Cats", bei denen sich Rückversicherer gegen große Katastrophen versichern. Im Jahr 2003 erwirtschaftete das Versicherungsgeschäft 64% des Vorsteuergewinns der Berkshire Hathaway. Buffett selbst schätzt am Versicherungsgeschäft die große frei verfügbare Kapitalkraft (float). Da die Prämien zwar direkt eingenommen werden aber erst später (im Schadensfall) wieder ausgezahlt werden müssen. Dadurch steht ein Großteil des Kapitals für weitere Investitionen zur Verfügung. Trotz der Größe die die Berkshire Hathaway Mittlerweile erreicht hat gelingt es Buffett immer wieder erstaunliche Ergebnisse zu erzielen. So ist das Anlageergebnis seit 1965 lediglich auf "nur noch" 21,9% im Durchschnitt gesunken. Und das obwohl Buffett als ausgesprochener Gegner von Derivategeschäften gilt. Nachdem Berkshire Hathaway den Rückversicherer General Re übernommen hatte, plädierte Buffet für den Ausstieg aus dem Derivategeschäft. Zu seinem eigenen, späteren Bedauern leider nicht nachdrücklich genug.

In seinem Jährlichen Brief an seine Anleger widmete Buffett 2003 dem Thema Derivate ein eigenes Kapitel. Mit diesem Brief prägte Buffett den Begriff der "Finanziellen Massen-Vernichtungswaffen", (Finacial Weapons of Mass Destruction) deren Risiken von keiner Zentralbank überwacht oder kontrolliert werden könne. Die Auswirkungen dieser

Geschäfte könnten, für das Finanzsystem, bei einem Crash allerdings potentiell tödlich sein. Buffett erneuerte seine Kritik an den Derivatgeschäften, als bei General Re 2005 über 400 Millionen Dollar Verlust aus Derivatgeschäften aufgelaufen sind.

Bei den jährlichen Hauptversammlungen der Berkshire Hathaway fällt Buffett immer wieder durch selbstkritische und humorvolle Bemerkungen auf. So trat er bei der Hauptversammlung 2007, in der Sportarena in Ohama im Bundesstaat Nebraska, mit den Worten Soundcheck, eine Million, zwei Millionen, drei Millionen vor die jubelnde Menge. Die Hauptversammlung wird Mittlerweile von von über 20.000 Anlegern besucht.

Buffett ist in seinem Element. Er singt seinen Anlegern zusammen mit den Quebe Sisters, einer Band aus Texas, ein Ständchen. Buffett scherzte damals:" Ich werde mich bald nach einem Job umsehen, und dies ist mein erstes Vorsingen, damit lande ich hoffentlich bei American Idol." (Dem Gegenstück zu Deutschland sucht den Superstar).

Das Vermögen von Buffett wird zu 99% durch Anteile Berkshire Hathaway repräsentiert. Er besitzt ca. 31% der Berkshiere Hathaway Anteile (Stand 2009). Nachdem tot seiner Frau 2004 entschied Buffett sich schneller als geplant sich von seinem Vermögen zu trennen. Im Jahr 2006 gibt Buffett bekannt 85% seines Vermögens spenden zu wollen. Ca. · davon sollen über mehrere Jahre verteilt an die Bill und Melinda Gates Foundation gehen. Die erste Spende sollte im Juni 2007 in Form von 500.000 B Aktien der Berkshire Hathaway mit einem Wert von ca. 1,5 Milliarden Dollar nach

Schlusskurs 2006 erfolgen. Tatsächlich überschrieb Buffett im Juni 2007 dann 572.375 B Aktien, nach einem Kurschluss mit einem Wert von 2,12 Milliarden Dollar. Mit nur einem kleinen Teil seines Vermögens müssen sich die Stiftungen seiner Frau und seiner drei Kinder begnügen. Seine Kinder selbst werden "nur" einige 100 Millionen Dollar erben. Buffett war stets ein Gegner von ererbten Milliarden Vermögen. Er war seiner Zeit auch gegen die von US Präsident Busch und der Republikanischen Partei geplanten Abschaffung der Erbschaftssteuer. Buffett sagte dazu:"Großes Vermögen, das anzusammeln die Gesellschaft ermöglicht hat, soll auch wieder in die Gesellschaft zurückfließen."

.

Anlagegrundsätze

Die Anlagestrategie von Warren Buffett begründet sich in den Anlagegrundsätzen seines ehemaligen Lehrers Benjamin Graham. Benjamin Graham veröffentlichte seine Verfahrensweise in seinen Büchern "Security Analysis" & " The Intelligent Investor" 1934. Zentraler Grundsatz ist dabei das Ermitteln der Sicherheitsmarge. Durch viele Faktoren wird dabei der "innere Wert" eines Papiers ermittelt. Nach Graham wird dieser Wert vorallem durch quantitative und objektive Kriterien ermittelt. Die Kernkriterien sind dabei, der Liquidationswert des Unternehemens, das Kurs-Gewinn-Verhältnis, das Kurs-Buchwert-Verhältnis, die Ertragskraft in der Vergangenheit sowie der aktuelle Verschuldungsgrad und die Dividendenrendite.

Es gibt immer wieder Stimmen die behaupten Buffett wäre von Grahams Lehren im laufe der Zeit abgerückt weil er oft auch stark auf qualitative Elemente wie Fähigkeiten und Integrität des Managements, Qualität des Geschäfts und Ertragskraft in der Zukunft setzt. Bei der Bewertung qualitativer Elemente wurde Buffett zum einen von Philip Fisher und dessen Buch "Common Stocks and Uncommon Profits" beeinflusst, noch größeren Einfluss hatte allerdings sein Freund Charles Munger auf Ihn. Kern der Forderungen von Fisher und Munger ist die Bereitschaft das zu investierende Kapital stark in einigen wenigen Beteiligungen zu konzentrieren und lehnen eine starke Zersplitterung des Kapitals ab. Buffett selbst erklärt immer wieder das seine Erfolge weder Einzel- noch Zufallserfolge sind sondern auf den Lehren von Benjamin Graham zurückzuführen sind. Seiner Meinung nach können sowohl die Sicherheitsmarge als auch der innere Wert eines Unternehmens von verschiedenen Investoren unterschiedlich ermittelt werden.

Der Kern bleibt allerdings immer das der Erwerb von Anteilen eines Unternehmens, als auch der ganzer Unternehmen immer zu einem sehr attraktiven Preis erfolgen muss damit die vorher ermittelte Sicherheitsmarge sich über kurz oder lang als Ertrag für den Investor realisiert.

Buffett präsentierte 1984 nach einer Rede an der Columbia University mehrere Investoren (Stan Perlmeter, Bill Ruane, Walter Schloss) die durch Anwendungen von Grahamas Grundsätzen über lange Zeit überragende Erfolge mit Ihren Investitionen erzielt haben. Buffett selbst hat demnach lediglich einen weitergefassten und vielseitigeren Ansatz um den inneren Wert eines Unternehmens zu ermitteln, als dies bei Grahams Methoden der Fall ist. Trotzdem bleiben Grahams Methoden nach wie vor die Grundlage von Buffetts Anlagesystem. Ein gutes Beispiel für Buffetts Strategie sind der Kauf von Anteilen der, durch den Salatölskandal in große Schwierigkeiten geratene, American Express Bank 1964 oder als er 1976 erste Beteiligungen des zu der Zeit vom Zusammenbruch bedrohten Versicherer GEICO erwarb. In beiden Fällen betrachtete Buffett die aktuellen Probleme als lösbar und die Zukunft des Unternehmens insgesamt als gesichert und auch Profitabel.

Buffett selbst fast die Vorraussetzungen für eine lukrative Investition wie folgt zusammen:"Wir investieren nur in ein Unternehmen, wenn wir erstens die Geschäfte verstehen, zweitens die langfristigen Aussichten des Unternehmens gut sind (bewiesene Ertragskraft, gute Erträge auf das investierte Kapital, keine oder nur geringe Verschuldung sowie ein attraktives Geschäft, drittens das Unternehmen von kompetenten und ehrlichen Managern geleitet wird und viertens sehr attraktiv bewertet ist (Sicherheitsmarge)."

In Ausnahmefällen ist Buffett auch bereit, für ein Unternehmen und seinem von Ihm als großartig beurteilten Geschäft einen "Goodwill" zu zahlen. Das heißt einen deutlich über den Buchwert liegenden Preis zu zahlen. Buffett erläutert diesen Ansatz 1983 am Beispiel von See´s Candies. Seine subjektive Ausrichtung zeigt sich auch das Buffett den Vorsitzenden des Unternehmen in die er Investiert großes Vertrauen entgegen bringt, sie und ihre Arbeitseinstellung sehr schätzt. So lässt Buffett der jeweiligen Unternehmensführung in der Regel fast völlige Freiheit bei der Führung der Geschäfte, wobei er sich wünscht das sie ihre Tätigkeit so lange wie möglich ausüben. Desweiteren sollten Anleger nur in solche möglichst simple Unternehmen investieren deren Geschäfte Sie verstehen. Buffett der nach eigener Aussage nichts von Technologie versteht, hat deshalb so gut wie nie technologielastige Unternehmen investiert.

Ein extrem Beispiel dafür wie konsequent Buffett seine eigenen Vorgaben umsetzt ist seine Weigerung bei Microsoft zu investieren. 1997 lehnte er das Angebot des Microsoft Vizepräsidenten Jeff Raikes ab in das Unternehmen seines Freundes Bill Gates zu investieren. Und das obwohl Raikes sich alle Mühe gab Buffett die Vorzüge von Microsoft nahe zu bringen und trotz der persönlichen Freundschaft zum Microsoft Gründer Bill Gates. Darüberhinaus wird Buffett nicht müde immer wieder zu erklären das sich ein Investor immer als Teilhaber eines Unternehmens sehen muss und nicht auf kurzfristige Kurssteigerungen spekulieren sollte. Nach Buffett sollte es dem Investor nichts ausmachen wenn die Börse Jahrelang geschlossen bleibt. Zu einer wohldurchdachten Investition nach Grahams Regeln der Sicherheitsmarge gehört auch das der Investor Marktschwankungen ignoriert, da er auf Grund der Anlagefaktoren davon ausgehen kann das sich die Sicherheitsmarge über kurz oder lang zu seinen Gunsten realisiert.

Value Investing

Value Investing im Deutschen wertorientiertes Anlegen, ist eine Anlagestrategie, bei der Kauf- und Verkaufsentscheidungen für Wertpapiere ausschließlich unter Bezugnahme auf deren realwirtschaftlichen Gegenwert, den so genannten inneren Wert im Intrinsic Value getroffen werden. Der Anleger versucht dabei zunächst, diesen inneren Wert jenes Papiers zu bestimmen, im Regelfall mittels der Fundamentalanalyse.

Bei der Fundamentalanalyse versucht der Anleger den fairen oder angemessenen Preis von Wertpapieren zu ermitteln. Im Gegensatz zur Chartanalyse basiert sie nicht auf einer Betrachtung von Börsenkursen, sondern auf betriebswirtschaftlichen Daten und ökonomischem Umfeld eines Unternehmens, den so genannten Fundamentaldaten. Das Ergebnis einer Fundamentalanalyse ist oft die Nennung eines Kursziels und die Abgabe einer Kauf- oder Verkaufempfehlung für das analysierte Wertpapier. Auf dieser Basis nutzt der Anleger zeitweilige Ineffizienzen der Finanzmärkte bei der Preisbildung jener Wertpapiere aus, indem aus seiner Sicht auf Grund der Fundamentalanalyse zu niedrigen Preisen gezielt kauft und gegebenenfalls bei zu hohen Preisen ebenso gezielt wieder verkauft. Das erklärte Ziel der Strategie liegt vor allem in der Vermeidung von Verlusten und unangemessen niedriger Renditen auf das eingesetzte Kapital. Als gewollter Nebeneffekt stellen sich dabei in der Regel für die jeweilige Anlageklasse überdurchschnittlich hohe Erträge ein. Als Maßgabe für den inneren Wert eines Wertpapiers können dabei je nach

Anlageklasse und Situation entweder der Substanz- oder Liquidationswert, der Ertragswert oder das realwirtschaftliche Wachstum dienen. Die Bestimmung des inneren Werts unterliegt dabei aber gewissen Schwierigkeiten, was meist nur eine ungefähre Schätzung erlaubt. Aufgrund dieser Ungenauigkeit besteht der erklärte Value-Investor beim Kauf eines Wertpapiers auf ausreichenden Abstand zwischen dem Preis und dem geschätzten inneren Wert, der so genannten Sicherheitsmarge im Englischen Margin of Safety. Als Urvater des Value Investing gilt der US-amerikanische Intellektuelle Benjamin Graham mit seinem 1934 erschienen Buch Security Analysis, welches noch heute als die Bibel oder das „Alte Testament des Value-Investing gilt. In jüngerer Zeit spielen aber zunehmend auch eher subjektive Faktoren eine Rolle, wie sie vor allem von Philip Fisher postuliert worden sind. Dazu gehören etwa die Robustheit des Geschäftsmodells, die Qualität des Managements sowie mögliche Wettbewerbsvorteile des Unternehmens. Der bekannteste Vertreter und zugleich Verfechter der Value-Investing-Strategie ist, wie sollte es anders sein, einer von Grahams Schülern, Warren Buffett selber der es mit dieser Strategie zum drittreichsten Menschen der Welt gebracht hat. Stand 2012.

Der wahrscheinlich einflussreichste Investor aller Zeiten war Benjamin Graham (1894–1976) selbst. Sein erstmals 1949 erschienenes Buch „The Intelligent Investor" bezeichnet Warren Buffett selbst als das mit Abstand beste Buch, das jemals für Anleger geschrieben wurde. Grahams Leben und Arbeit sind zur Inspirationsquelle vieler der heute erfolgreichsten Investoren geworden Warren Buffett, John Templeton, Philip Fisher und Peter Lynch. Auch in Grahams erstem Buch Security Analysis von 1934 geht er als erster klar auf den fundamentalen Unterschied zwischen Investition und Spekulation ein. Außerdem erkannte Graham bereits sehr früh, dass Aktienmärkte nicht immer effizient funktionieren und besonders auf kurze Sicht stark von menschlicher Psychologie beeinflusst werden können. Wenn man also Aktien kauft, sollte man sich verhalten, wie wenn man sich an einem Unternehmen beteiligt, also unternehmerisch denken und sich nicht nur von steigenden Kursen blenden lassen. Obwohl Grahams Lehren über 70 Jahre zurückliegen, haben sie nichts von ihrer Gültigkeit verloren. Die weltweit erfolgreichsten Investoren arbeiten bis Heute überwiegend nach den Prinzipien des Value Investing. Grundsätzlich kann man sagen, dass das Momentum Investing (Investieren in Aktien mit überdurchschnittlicher Performance) sich daran orientiert, was momentan an der Börse populär ist. Im Gegensatz dazu orientiert sich die Philosophie des Value Investing eher daran, was momentan aus der Mode geraten ist. Obwohl der Name Value-Investor demnach schon auf einen bestimmten Investment-Ansatz hindeutet, haben sich die meisten erfolgreichen „Value-Investoren" schon sehr früh vom kategorischen Anlagedenken verabschiedet. Entscheidend ist die richtige Beurteilung von einzelnen Unternehmen und deren Bewertung, nicht jedoch in welcher Anlagekategorie sie sich befinden. Beim Value Investing geht es konkret um die Suche nach unterbewerteten Unternehmen. Darüber hinaus sollte ein Unternehmen über ein herausragendes Geschäftsmodell verfügen und möglichst hohe Wettbewerbsvorteile haben. In diesem Punkt ähnelt Value Investing dem Quality Investing. Ein Quality-Investor kauft ein Unternehmen jedoch, weil es ein exzellentes Unternehmen ist und zudem ein attraktives Bewertungsniveau aufweist. Bei Value-Investoren steht eher die Bewertung des Unternehmens im Vordergrund. Aus diesem Grund reicht es den Value-Investoren nicht nur, wirklich gute Unternehmen zu suchen und dann zu kaufen. Hat man ein interessantes Unternehmen gefunden, wird dessen zukünftige Ertragskraft in Relation zur aktuellen Bewertung des Unternehmens gesetzt. Nur wenn der aktuelle Kurs zu einem deutlichen Abschlag, die Sicherheitsmarge, zum inneren Wert des Unternehmens notiert, wird sich ein disziplinierter Value-Investor engagieren.

Dieser Abschlag ist die erforderliche Sicherheitsmarge für ein Investment. Je nach persönlicher Ausrichtung des Investors beträgt sie bis zu 50 %, in seltenen Fällen mehr. Die Sicherheitsmarge ist das zentrale Anlagekonzept beim Value Investing. Heutzutage nutzen viele Menschen für Ihre Kauf- und Verkaufentscheidungen Empfehlungen, Computermodelle, Charts von Kursverläufen, Wirtschaftsprognosen, Zyklen bei Präsidentschaftswahlen und rein gefühlsmäßige Schätzungen, um zu entscheiden, wie und wo sie ihr Geld anlegen sollen. Wenn man stattdessen Investitionen am Kapitalmarkt und an der Börse als unternehmerische Beteiligung ansieht, anstatt sich ein Casino vorzustellen, wird man seine Chancen langfristig erhöhen und das Verlustpotenzial deutlich mindern. Dies ist der Unterschied zwischen Investition und Spekulation und damit der Grundgedanke des Value Investing.

Liquidationswert

Der Liquidationswert eines Unternehmens ist die Höhe des Erlöses, der durch Auflösung des Unternehmens und der Veräußerung aller Vermögensgegenstände erzielt werden kann. Zum Beispiel: Gebäude, Fahrzeuge, Grundstücke, Maschinen, Werkstoffe und ähnliches.

Anders ausgedrückt: es handelt sich um den Substanzwert unter der Annahme der Nichtweiterführung des Betriebes aufgrund einer kompletten Abwicklung wie zum Beispiel im Fall einer Insolvenz. Wird ein Betrieb nicht weitergeführt, dann sind bei der Bewertung der Aktiva in der Regel wesentliche Abschläge und bei der Bewertung der Passiva Zuschläge vorzunehmen. Der Liquidationswert ist fast immer die absolute Untergrenze der Unternehmensbewertung. Im sehr groben lässt sich der Liquidationswert wie folgt berechnen:

    Gesamterlös aus dem Verkauf aller
    Vermögensgegenstände
- Verbindlichkeiten
- verpflichtende Rückstellungen
(für Rückbau, Pensionen, u.ä.)
- Kosten der Liquidation
(Sozialplan, Transaktionskosten, etc.)
= Liquidationswert

Kurs-Gewinn- Verhältnis

Das Kurs-Gewinn-Verhältnis im Englischen Price-Earnings-Ratio kurz PER oder P/E Ratio ist eine Kennzahl zur Beurteilung einer Aktie bzw. eines Unternehmens über dessen aktuellen Börsenwert.

Dabei wird der Aktienkurs und der Gewinn je Aktie in Relation zu einem Vergleichszeitraum gesetzt. Im Normalfall entspricht der Vergleichszeitraum einem Geschäftsjahr.

$$KGV = \frac{\text{Kurs einer Aktie}}{\text{Gewinn je Aktie}}$$

Der Gewinn je Aktie im Englischen Earnings per Share oder kurz auch EPS genannt errechnet sich durch den Konzerngewinn dividiert durch die ausgegebene Anzahl Aktien. Der Vergleichszeitraum ist auch hier im Normalfall das Geschäftsjahr so das zur Berechnung des Gewinns pro Aktie die Gewinnsumme aus dem Konzernjahresüberschuss herangezogen wird.

$$EPS = \frac{\text{Konzernjahresüberschuss}}{\text{Anzahl der Aktien}}$$

Für verschiedene Aktientypen wie zum Beispiel Stamm oder Vorzugsaktien können unterschiedliche Dividenden gezahlt werden. In einen solchen Fall wird für den Vergleichszeitraum eine durchschnittlich gewichtete Bewertung für die Berechnung angenommen. Sollten darüberhinaus in dem Vergleichszeitraum auch Aktienoptionen ausübar sein so muss der reduzierte Gewinn je Aktie durch die mögliche Kapitalerhöhung ebenfalls berücksichtigt werden. Wenn der aktuelle Kurs einer Aktie aktuell zum Beispiel 50,00€ beträgt. Und im letzten Geschäftsjahr ist ein Gewinn von 4 € je Aktie erzielt worden. Es ergibt sich daraus folgende Berechnung:

$$KGV = \frac{50}{4} = 12,5$$

Das Kurs-Gewinn-Verhältnis besagt, wie oft der Gewinn im aktuellen Kurs einer Aktie enthalten ist bzw. nach wie vielen Jahren der Gewinn den Preis der Aktie „bezahlt" hat. Würde die Aktie oben konstant vier Euro Gewinn erwirtschaften, so wären nach 12,5 Jahren insgesamt 50 Euro Gewinn zusammengekommen. Durch den Anstieg um einen Euro verkürzt sich die Frist auf zehn Jahre.

$$KGV = \frac{50}{5} = 10$$

Das Kurs-Gewinn-Verhältnis ist heute eine der meist gebrauchten Kennziffern zur Aktienbewertung und Unternehmensbewertung. Seine Anwendung ist jedoch komplizierter, als es die einfache Formel vermuten lässt. Das Problem bei der Auswertung ist das die Kurs-Gewinn-Verhältnisse stark schwanken, je nachdem, welche Länder, Branchen und Jahre man betrachtet. Gründe für die Unterschiede liegen in den Chancen und Risiken der

Papiere und dem Niveau der Zinsen und der Inflation. Im deutschen Aktienmarkt galten in den 1970er und 1980er Jahren KGVs von 8 als billig und von 15 als teuer. Seit den 1990er Jahren schwanken die KGVs von 12 bis 25 in Bezug auf den Gesamtmarkt. Bei den 30 Dax-Werten liegt das KGV im historischen Durchschnitt bei 14,6. Zum Vergleich, Ende 2008 Dagegen betrug das KGV deutlich weniger als 10. Das KGV des Aktienmarkts wird auch direkt vom herrschenden Zinssatz beeinflusst. Der Kehrwert des KGV, also der Gewinn je Aktie geteilt durch den Aktienkurs, stellt eine Art Verzinsung der Aktie, also eine Art Gewinnrendite, da. Da Kapitalanleger Anlagemöglichkeiten mit höchster Rentabilität bevorzugen, kommt es zu einem Ausgleich der Rentabilitäten nach dem Gesetz von Angebot und Nachfrage durch sogenannte Arbitrage-Geschäfte. Der Kurswert der Aktien passt sich demnach so an, dass der Kehrwert des KGV sich am herrschenden Zinssatz, bereinigt um Risikoaufschläge, orientiert. Senkt die Zentralbank den Leitzins, so führt dies mit einer gewissen Zeitverzögerung zu steigenden KGVs, die Aktienkurse steigen also da sich die Kurse den "normalen" Sparzins und der damit verbundenen Rendite anpassen. Wird der Leitzins angehoben, so sinken dementsprechend die KGV und damit die Aktienkurse. Zusätzlich kann der Zinssatz auch durch die Fremdkapitalkosten die Gewinne des Unternehmens und damit auch das KGV beeinflussen und den oben erläuterten Effekt verstärken. Aktien mit hohen KGV reagieren empfindlicher auf Zinsänderungen als solche mit niedrigen KGVs. Darüber können verschiedene Faktoren die nur teilweise oder garnicht vorhersehbar sind die Gewinne und damit das KGV ebenfalls beinlflussen. Dazu einige Beipiele wodurch sich Gewinne verschieben können:

- Gewinne können nicht einfach in die Zukunft fortgeschrieben werden. Einige Branchen unterliegen Konjunkturzyklische Schwankungen die ebenso zu berücksichtigen sind wie Auswirkungen innerbetrieblicher Veränderungen oder Veränderungen im Wettbewerb, im Verbraucherverhalten, der Zinsentwicklung (änderungen im Leitzins) oder auch Produktlebenszyklen und ähnliches. Auch völlig unberechenbare Faktoren wie Wetter und politische Entscheidungen spielen in manchen Branchen eine Rolle.
- Einmalige, außerordentliche Erträge (zum Beipiel der Verkauf von Sachwerten oder Unternehmensteilen) und Aufwendungen sind ebenso zu ignorieren wie vorübergehende Schwankungen des Steuersatzes.
- Bei unsicherer Schätzung sind Risikoabschläge vorzunehmen.Bei sicheren Wachstumsperspektiven ist dagegen ein KGV-Aufschlag möglich.
- Gewinne sind in gewissen Grenzen durch Bildung und Auflösung stiller Reserven sowie durch Veränderung von Zahlungsbedingungen manipulierbar. Hierbei kann eine zusätzliche Analyse des Cash-Flow Aufschluss geben.

- Das KGV beschreibt die aktuelle Ertragslage des Unternehmens, nicht die zukünftige und das KGV definiert auch nicht wie dieser Ertrag erzielt wird. Möglicherweise hat ein Unternehmen, das heute wenig Gewinn erwirtschaftet, weil viel Geld in die Produktentwicklung fließt, eine bessere Zukunftperspektive, als ein ähnliches Unternehmen, das zwar mehr Gewinn erwirtschaftet, aber die Produktentwicklung vernachlässigt.

- Aktiengesellschaften weisen in Pressemeldungen unterschiedliche Gewinnkennzahlen aus. Gerne wird „vergessen", den Gewinnanteil Konzernfremder abzuziehen. Manchmal wird nur der Gewinn vor Steuern oder vor Steuern und Zinsen (EBIT) genannt. Für das KGV ist jedoch der Gewinn je Aktie relevant, nach Abzug von Zinsaufwand, Steuern und konzernfremden Gewinnanteilen.

- Für einen sinnvollen Vergleich der Berechnungen ist es wichtig, dass angegeben wird, welcher Aktienkurs bei der Berechnung verwendet wurde (Durchschnittskurs, Höchstkurs, Kurs zu Jahresende, Kurs zu Jahresanfang).

Kurs-Buchwert-Verhältnis

Das Kurs-Buchwert-Verhältnis kurz KBV oder im Englischen P/B ratio beziehungsweise P/BV ist eine substanzorientierte Kennzahl zur Beurteilung der aktuellen Börsenbewertung einer Aktiengesellschaft. Hierbei wird der Kurs einer einzelnen Aktie in Relation zu ihrem anteiligen Buchwert gestellt:

$$KBV = \frac{\text{Kurs einer Aktie}}{\text{Buchwert einer Aktie}}$$

Der Buchwert im Englischen book value ist ein Wertansatz im Rahmen der Bewertung von Unternehmen oder einzelnen Wirtschaftsgütern. Handels- und steuerrechtlich bezeichnet der Buchwert die Anschaffungskosten eines einzelnen Wirtschaftsgutes abzüglich der (handelsrechtlichen) Abschreibungen bzw. der (steuerrechtlichen) AfA. Dieser Ansatz ist rechtlich vorgegeben und weicht vom „tatsächlichen" Wert (der im Steuerrecht als Teilwert bzw. gemeiner Wert bezeichnet wird) eines Wirtschaftsgutes daher in aller Regel ab. Im Umwandlungssteuergesetz ist der Buchwert der niedrigstmögliche Wertansatz, daneben sind gemeiner Wert und Zwischenwertzulässig.

Mit Blick auf ein gesamtes Unternehmen bezeichnet der Buchwert den Wert des auf die Unternehmensinhaber entfallenden Eigenkapitals. Hierzu erfolgt die Verminderung aller Aktiva um die Verbindlichkeiten und Sonderposten, im Konzernverbund auch um konzernfremde Anteile. In einem alternativen Verfahren werden auch die immateriellen

Wirtschaftsgüter zusätzlich abgezogen. Wenn zum Beispiel nach den aktuellen Quartalsberichten das Unternehmen einen Buchwert von 5500 Millionen Euro besitzt und 201 Millionen Aktien von dem Unternehmen im Umlauf sind, ergibt das einen Buchwert von 27,36 Euro je Aktie. Dieser Wert teilt nun den aktuellen Kurs von zum Beispiel 25,- Euro und es entsteht somit ein KBV von 0,91. Die traditionelle Theorie des Value Investing besagt, dass eine Aktie umso preiswerter ist, je niedriger ihr KBV ist, und dass ihr fairer Wert in etwa dem Buchwert entspricht (siehe auch: Marktwert-Buchwert-Verhältnis). Modernere Bewertungsmethoden orientieren sich stattdessen an Kennzahlen wie Cash-Flow (DCF-Verfahren) und Kurs-Gewinn-Verhältnis.

Ertragskraft

Die Ertragskraft ist die langfristige Fähigkeit eines Unternehmens, Gewinne zu erzielen. Sie ist eine zukunftsbezogene Größe, daher sind hierbei Analysen der Geschäftsentwicklung, Vermögenslage und Finanzierung unter dem Aspekt ihrer künftigen Ertragswirksamkeit zu sehen und damit auch mittelfristige oder gar Langfristige Auswirkungen zu berücksichtigen. Die primären Indikatoren sind dabei:

die künftige Umsatzentwicklung und der zu erwartende Gewinn je Aktie sowie der Cash Flow. Darüber hinaus ist sie zentrales Anlageentscheidungskriterium in der Wertpapieranalyse und auch Grundlage der Kreditvergabe bei der dynamisch orientierten Kreditwürdigkeitsprüfung.

Verschuldungsgrad

Der Verschuldungsgrad, im Englischen debt to equity ratio, Gearing oder auch Leverage, eines Schuldners wie zum Beispiel einer Firma, einer Gemeinden oder auch Staaten ist eine betriebswirtschaftliche Kennzahl, die das Verhältnis zwischen dem bilanziellen Fremdkapital und Eigenkapital angibt. Sie gibt Auskunft über die Finanzierungsstruktur eines Schuldners. Mit steigendem Verschuldungsgrad geht eine Erhöhung des Kreditrisikos für Gläubiger einher. Gläubiger haben ein Interesse daran, ihr Kreditrisiko während der Kreditlaufzeit jederzeit messen zu können. Dazu bedarf es der Transparenz der wirtschaftlichen Verhältnisse ihres Schuldners, das können bei Unternehmen Jahresabschlüsse sein, Kommunale- oder Staatshaushalte bei öffentlichen Schuldnern, um aus diesen Unterlagen Informationen über das Kreditrisiko gewinnen zu können. Bei Unternehmen werden Eigenkapital und Fremdkapital miteinander ins Verhältnis gebracht, weil das Eigenkapital als Haftungsmasse für die Gläubiger zur Verfügung steht und daher der Anteil des Eigenkapitals am gesamten Kapital von Bedeutung ist. Daraus resultiert das je höher der Eigenkapitalanteil ist, umso niedriger ist das Gläubigerrisiko einzustufen und umgekehrt. Der Verschuldungsgrad soll deshalb darüber informieren in wie weit die Möglichkeit besteht, Verluste oder den kurzfristigen Entzug von Eigenkapital oder auch Fremdkapital durchzustehen. Er gehört zu den wesentlichen Schuldenkennzahlen im Investment.

$$\text{Verschuldungsgrad} = \frac{\underline{\text{Fremdkapital}}}{\text{Eigenkapital}}$$

Daraus resultiert die Frage, welche Positionen in der Bilanz als Eigenkapital und welche als Fremdkapital zu klassifizieren sind. Nicht alle Positionen, die formal im Jahresabschluss dem Eigenkapital zugeordnet sind, können auch zwecks der Ermittlung des Verschuldungsgrades verwendet werden bzw. analytisch als Eigenkapital eingestuft werden. Das gilt ebenso für manche Positionen, die im Jahresabschluss als Fremdkapital ausgewiesen werden. Emittierte Wandelanleihen oder sonstige Finanzierungstitel sind ebenso umstritten wenn es um ihre Zuordnung geht wie auch der Geschäfts- oder Firmenwert (auch „Goodwill" genannt), der als immaterieller Vermögensgegenstand das Eigenkapital erhöhen kann allerdings keinen realen Sachwert hat. Wenn er analytisch nicht als realisierbarer Vermögensgegenstand angesehen wird, so ist er vom Eigenkapital abzusetzen. Das gilt dann natürlich wiederum für alle analytisch zweifelhaften Vermögensposten, wie zum Beispiel ausstehende Kapitaleinlagen der Gesellschafter. Das für die Ermittlung des Verschuldungsgrades wichtige Fremdkapital setzt sich somit zusammen aus Rückstellungen (zum Beispiel Pensionsrückstellungen), Wandelanleihen (solche bei denen das Optionsrecht nicht ausgeübt wurde), sonstige allgemeine Verbindlichkeiten sowie der Hälfte des Sonderpostens mit Rücklageanteil. Das Eigenkapital besteht aus dem gezeichneten Kapital abzüglich ausstehender Einlagen hierauf und abzüglich dem Goodwill, aber zuzüglich

Gewinnrücklage, Kapitalrücklage und der Hälfte des Sonderpostens mit Rücklageanteil. Im Falle eines angemessenen Eigenkapitals ergibt sich auch ein vertretbarer, nicht risikoerhöhender Verschuldungsgrad. Da der Begriff „Angemessenes" Eigenkapital ein unbestimmter Rechtsbegriff ist, der die Eigenmittel eines Unternehmens ins Verhältnis zu seiner Bilanzsumme setzen will. Als angemessen gilt jedenfalls in steuerrechtlicher Hinsicht ein Eigenkapital, das mit der Kapitalstruktur gleichartiger Unternehmen der Privatwirtschaft im maßgebenden Zeitraum vergleichbar ist. Nach geltenden Recht ist eine angemessene Eigenkapitalausstattung grundsätzlich gegeben, wenn das Eigenkapital mindestens 30 % des Aktivvermögens beträgt. Im Hinblick auf die angeführte BFH-Rechtsprechung ist diese 30 %-Grenze in erster Linie als Nichtaufgriffsgrenze zu verstehen, ihre Erfüllung wird deshalb bei steuerlichen Außenprüfungen nicht beanstandet. Als Nichtaufgriffsgrenze versteht man eine Art Toleranzbereich im deutschen Steuerrecht. In regelmäßigen Abständen werden in den Finanzämtern Richtlinien ausgegeben, die dafür sorgen sollen das durch eine mögliche Toleranz der jeweiligen Prüfer die Prüfung als solche beschleunigt wird.

Im Amtsdeutsch werden die "Augen zu"-Hinweise als Nichtaufgriffsgrenzen bezeichnet. Sie führen nicht zu einem Rechtsanspruch des Steuerzahlers gelten aber dennoch als Verlässliche Größe. Die Nichtaufgriffsgrenzen liegen im ermessen des jeweiligen Sachbearbeiters, daher ist es nicht möglich sich im Zweifel auf die Nichtaufgriffsgrenzen berufen sollten diese doch nicht berücksichtigt werden. Daher wird für Besteuerungszwecke also vom Anlagendeckungsgrad ausgegangen und das Eigenkapital dann als angemessen eingestuft, wenn der Anlagendeckungsgrad 30 % beträgt und somit 70 % des Anlagevermögens über Fremdkapital zu finanzieren sind. Als optimaler Verschuldungsgrad wird ein Verhältnis des Eigenkapitals zum Fremdkapital angesehen, bei dem die durchschnittlichen Kapitalkosten gegenüber anderen Finanzierungsalternativen am geringsten sind. Eine aus der Praxis stammende Faustregel besagt, dass der Verschuldungsgrad nicht höher sein soll als 2:1, also maximal 200 %, so das dass Fremdkapital nicht mehr als das Doppelte des Eigenkapitals betragen sollte. Der Verschuldungsgrad kann hierbei aber branchenabhängig sein, bei Nichtbanken darf die Fremdkapitalquote nicht mehr als 67 % der Bilanzsumme betragen. Als komplementäre Kennzahl zur Fremdkapitalquote ergibt sich hieraus die Eigenkapitalquote, die im Beispiel 33 % beträgt.

Durch die Aufnahme von Krediten erhöht sich der Verschuldungsgrad und damit auch das Risiko im Unternehmen. Je höher der Verschuldungsgrad ist, desto abhängiger wird ein Unternehmen von externen Gläubigern. Ein hoher Verschuldungsgrad wie in obiger Formel erhöht die Risiken der Kreditgeber, weil die Haftungsmasse des im Eigenkapital gebundenen Vermögens im Zweifel nicht ausreichen wird, um im Falle einer Insolvenz des Schuldners das Fremdkapital vollständig zurückzuzahlen. Mit einem hohen Verschuldungsgrad geht normalerweise auch ein hoher Zins- und Schuldendienstdeckungsgrad einher, weil Schulden Zins- und Tilgungszahlungen verursachen, die wiederum aus dem laufenden Umsatzprozess zu finanzieren sind. Aus Sicht des financial leverage indes ergibt sich, ausgelöst durch eine relativ niedrige Eigenkapitaldeckung, eine hohe Eigenkapitalrendite. Der so genannte Leverage-Effekt oder auch Hebeleffekt. Deshalb ist es erforderlich, auch die Gesamtkapitalrendite aus Eigen- und Fremdkapital zu ermitteln. Ein hoher Verschuldungsgrad erhöht wegen des hohen Schuldendienstes die Ertragsrisiken, da ein hoher Anteil der Gewinne für den Zinsaufwand verbraucht werden und damit bei zunehmender Verschuldung auch der Break-even-Point die Gewinnschwelle oder im Englischen auch cost leverage ansteigt. Die Gewinnschwelle, auch Nutzenschwelle genannt, ist in der Wirtschaft der Punkt, an dem Erlös und Kosten einer Produktion oder auch eines Produktes gleich hoch sind und somit weder Verlust noch Gewinn erwirtschaftet wird. Vereinfachend kann man behaupten, dass an der Gewinnschwelle der Deckungsbeitrag aller verkauften Produkte identisch ist mit den laufenden Fixkosten.

Wird die Gewinnschwelle überschritten, macht man Gewinne, wird sie unterschritten, macht man Verluste. Die Gewinnschwelle kann für ein Produkt (Ein-Produkt-Betrachtung) oder mehrere Produkte (Mehr-Produkt-Betrachtung) berechnet werden. Wirtschaftsmathematisch ist die Gewinnschwelle so wie die Gewinngrenze eine Nullstelle der Gewinnfunktion. An diesen beiden Stellen sind Erlöse und Kosten gleich. Allerdings wird unter der Gewinnschwelle die untere und unter der Gewinngrenze die obere Nullstelle verstanden, ab dem Erreichen der Gewinnschwelle wird Gewinn erzielt, ab dem Erreichen der Gewinngrenze werden Verluste geschrieben.

Staaten als Schuldner weisen völlig andere wirtschaftliche Strukturen auf als dies bei Unternehmen der Fall ist. Strukturell wird zwar die Verschuldung ähnlich wie bei Unternehmen ermittelt und dann auch als Gesamtverschuldung bezeichnet, eine Auslandsverschuldung betrifft nur Staatsschulden gegenüber ausländischen Gläubigern wie Fonds oder auch anderen Staaten, dennoch muss man bei bei einer Staatsverschuldung die Exporterlöse oder das Bruttoinlandsprodukt (BIP) gegenüber stellen um die korrekten Kennzahlen zu ermitteln. Die Einnahmen aus Exporterlösen stehen in diesem Fall nämlich primär für den Schuldendienst zur Verfügung. Das BIP allerdings gilt primär als Maßstab für die ökonomische Leistung eines Staates innerhalb eines Jahres, und sagt aus inwieweit die Staatsschulden noch in einem angemessenen Verhältnis zu dessen Wirtschaftsleistung stehen.

$$\text{Schuldenquote} = \frac{S}{B}$$

Mit S sind hierin die gesamten Staatsschulden bezeichnet mit B das gesamte BIP. Diese so genannte Schuldenquote drückt mithin das Verhältnis der Schulden zum BIP aus. In den Maastricht-Kriterien der Europäischen Union ist zu Beispiel eine maximal zulässige, sanktionsfreie Schuldenquote für die Mitgliedsstaaten von maximal 60% des BIP vorgesehen. Das würde bedeuten, dass drei Fünftel der Wirtschaftsleistung eines ganzen Jahres an die Gläubiger des Staates zu zahlen wären, um die gesamten Staatsschulden zu tilgen. Natürlich können für den Schuldendienst auch Währungsreserven oder Neuverschuldung als weitere Quellen zur Schuldentilgung herangezogen werden, doch sind diese Positionen hierfür in der Berechnung nicht vorgesehen. Als maximale tragfähige Belastung wird eine Auslandsverschuldung von 150% der Exporterlöse angesehen.

Die zunehmende Verschuldung von Kommunen und Städten, insbesonders von deutschen, wird seit Jahren thematisiert. Auch hier spielen absolute Zahlen eine untergeordnete Rolle. Entscheidend ist vielmehr, inwieweit noch von einer Schuldentragfähigkeit ausgegangen werden kann. Dazu werden die kommunalen Schulden ins Verhältnis zu den Gesamteinnahmen oder auch lediglich eigene Einnahmen als so genanntes kleineres Aggregat gebracht. Sofern die Gesamteinnahmen die Schulden insgesamt decken, kann Normalerweise von einer vertretbaren Schuldentragfähigkeit ausgegangen werden. Setzt man bei einem Unternehmen das Fremdkapital ins Verhältnis mit dem Cashflow, so ergibt sich die Verschuldungsdauer im Englischen debt repayment capacity, oder auch Entschuldungsdauer bzw. dynamischer Verschuldungsgrad genannt. Bei dieser Kennzahl geht es darum, zu ermitteln, wie lange ein Unternehmen unter aktuell gleichbleibenden Bedingungen braucht, um das bestehende Fremdkapital aus dem frei verfügbaren Cashflow zurückzuzahlen. Der Cashflow definiert sich hierbei als positiver, periodisierter Zahlungsmittelüberschuss der wirtschaftlichen Tätigkeit des Unternehmens. Dieser Überschuss oder auch Saldo bezieht sich dabei auf die Erträge und die Aufwendungen, die nicht nur erfolgswirksam, sondern auch zahlungswirksam sind, also in derselben Periode zu Einzahlungen oder Auszahlungen führen. Man versucht damit die wirklichen Zahlungsströme abzubilden, denn im bilanziellen Ergebnis eines Unternehmens sind eine Vielzahl von Faktoren wie Abschreibungen und Rückstellungen enthalten, die sich nicht auf den realen Zahlungsfluss auswirken. Die Kennzahl Cashflow gilt als ein wichtiger Indikator für die Zahlungskraft eines Unternehmens. So versetzt ein positiver Cashflow ein Unternehmen in die Lage, aus den Umsatzprozessen heraus Kredite ordnungsgemäß tilgen zu können.

Dividende

Die Dividende ist der Teil des Gewinns, den eine Aktiengesellschaft an ihre Aktionäre oder im Falle einer Genossenschaft an ihre Mitglieder ausschüttet. Im Aktiengesetz wird der Begriff Dividende nicht verwendet, sondern als auszuschüttender Betrag bezeichnet. Bei der GmbH spricht man statt von einer Dividende von einer Gewinnausschüttung. Die Ausschüttungen von Investmentfonds werden zwar manchmal auch als „Dividende" bezeichnet, jedoch ist diese Bezeichnung in diesem Zusammenhang nicht korrekt, da in den Ausschüttungen von Investmentfonds auch zinsartige Erträge enthalten sein können. Die Ausschüttungen von Genussscheinen eines Unternehmens sind selbst keine Dividenden, werden aber gelegentlich an die Höhe der Dividende einer Aktie desselben Unternehmens gekoppelt.

Bei Genussscheinen handelt es sich um ein gesetzlich nicht geregeltes Wertpapier, welches je nach individueller Ausgestaltung der verbrieften Rechte eher einer Aktie und damit Eigenkapital oder aber einer Anleihe und damit Fremdkapital ähnelt. Genussscheine werden in der Regel nachrangig ausgestaltet, das heißt die Verbindlichkeiten werden im Falle einer Insolvenz erst nach den Forderungen der anderen Fremdkapitalgläubiger bedient. Wie eine Anleihe auch, gewähren die „Genüsse" in der Regel die Rückzahlung des Anlagebetrages zum Nominalwert zum Laufzeitende sowie einen jährlichen Zinsanspruch. Die Höhe dieser nicht garantierten Verzinsung hängt aber wie auch bei den Dividendenzahlungen für Aktien, vom Jahresgewinn des emittierenden Unternehmens ab.

Häufig wird bei Genussscheinen eine Verlustbeteiligung bis zur Höhe des Kapitaleinsatzes vereinbart. Die Höhe der Dividende wird im Regelfall vom Vorstand vorgeschlagen und von der Hauptversammlung mit einfacher Mehrheit beschlossen. Die Dividendenzahlung erfolgt meist am Tag nach der Hauptversammlung. Entscheidend für den Anspruch auf eine Dividendenzahlung bei ruhenden Beständen ist, ob der Aktionär am letzten Tag vor dem Ex-Tag die entsprechende Aktie in seinem Wertpapierdepot verbucht hatte. In vielen Ländern gilt dabei der sogenannte Record date als Stichtag, allerdings ist diese Regelung in Deutschland leicht abweichend.

Unter dem Record Date versteht man im allgemeinen einen Stichtag (keine Frist), der in Deutschland 21 Tage vor der Hauptversammlung einer Aktiengesellschaft liegt. Er bezieht sich auf das Recht, Stimmrechte auf der Hauptversammlung auszuüben, auch falls die Anteilsscheine noch vor der Hauptversammlung, also innerhalb der 21 Tagefrist, verkauft werden. In anderen Ländern kann sich das Record Date auch auf die Dividendenberechtigung beziehen, welche in Deutschland direkt auf den Tag der Hauptversammlung fällt.

Bei schwebenden Börsengeschäften bestimmt sich der Anspruch nach dem Schlusstag. Der letzte Tag vor dem Ex-Tag ist der letzte Cum- beziehungsweise Inklusiv-Tag. Der Ex-Tag ist in der Regel der Zahlbarkeitstag, muss es aber nicht zwingend sein. Trotzdem wird in solchen Ausnahmefällen bei Kauf ab Ex-Tag kein Dividendenanspruch mehr erworben. In Deutschland ist es üblich, die Dividende nur einmal jährlich auszuschütten. In anderen Ländern sind mehrmalige Ausschüttungen bis hin zu monatlichen Dividendenzahlungen üblich. In den USA ist beispielsweise die quartalsbezogene Dividende die gängige Form.

Am Ex-Tag erfolgt üblicherweise ein Abschlag vom Börsenkurs in Höhe der Bruttodividende. Man spricht vom „Dividendenabschlag" oder davon, dass die Dividende aus dem Kurs „heraus gerechnet" wird. Das muss sich aber infolge anderer Marktfaktoren nicht 1:1 niederschlagen, tatsächlich beachten die Marktteilnehmer lediglich die Ausschüttung, der Kurs kommt aber nach wie vor durch Angebot und Nachfrage zustande.

Angegeben wird die Dividende meist in Währungseinheit pro Stück, also beispielsweise drei Euro pro Aktie. Manchmal wird die Dividende aber auch in Prozent des Nennwerts angegeben. Aus Dividende und Aktienkurs lässt sich dann die Dividendenrendite berechnen. Zum Beispiel schütteten im Jahr 2006 28 der 30 Dax-Unternehmen eine Dividende von rund 27,9 Mrd. Euro aus. Dies entspricht im Durchschnitt einer Ausschüttung von 41 % der Unternehmensgewinne, bei anderen europäischen Unternehmen liegt die Quote laut der Deutschen Schutzvereinigung für Wertpapierbesitz bei etwa 50 %. Die Hauptversammlung legt fest, welcher Teil des nach Abzug der Körperschaftsteuer und des Solidaritätszuschlags verbleibenden Gewinnes ausgeschüttet werden soll. Da es sich dabei also um einen Nachsteuergewinn handelt, wird hierbei auch der Begriff Bardividende verwendet, das Gegenstück zur Bardividende ist die Bruttodividende die vor Abzug jeglicher Steuern berechnet wird. Von dieser Bardividende erfolgt jedoch bei deutschen Aktien aktuell noch ein Steuerabzug in Höhe von 25 % und zuzüglich 5,5 % für den Solidaritätszuschlag.

Die Dividende wird üblicherweise auf das zugehörige Konto eines Wertpapierdepots abzüglich der Steuern und eventueller Gebühren überwiesen. Bei börsennotierten Unternehmen ist dem Dividendenempfänger durch die auszahlende Depotbank eine Steuerbescheinigung über die einbehaltenen Steuern zu erteilen, bei nichtbörsennotierten Unternehmen erfolgt Auszahlung und Steuerbescheinigung direkt durch das ausschüttende Unternehmen.

Bei Dividenden haben sich Ende 2008 Steuerlich in Deutschland verschiedene Änderungen ergeben. So gilt seitdem das Dividenden bei inländischen Personen im Normalfall sowohl im Privatvermögen als auch im Betriebsvermögen nach dem Halbeinkünfteverfahren als Einnahmen zu besteuern sind, seit 2009 sind Dividenden grundsätzlich bei Privatpersonen pauschal mit 25 % gesondertem Steuertarif bzw. nach dem Teileinkünfteverfahren bei Beteiligungen, die dem Betriebsvermögen zuzurechnen sind. Zu beachten ist, dass die Veräußerung von Anteilen, die einer Beteiligung von 1 % oder mehr entsprechen, zu Einkünften aus Gewerbebetrieb zuzurechnen sind und demnach auch dem Teileinkünfteverfahren unterliegen.

Bei Dividenden aus ausländischen Aktien wird häufig am Sitz der Gesellschaft eine Quellensteuer einbehalten, die Quellensteuer variiert je nach Land beträgt aber häufig 15 %. Der Anleger muss die Dividende wie bei inländischen Aktien versteuern, kann aber die einbehaltene Quellensteuer in seiner deutschen Steuererklärung wahlweise von der Steuerschuld abziehen oder als Werbungskosten aus Kapitalvermögen anrechnen lassen.

Ist der Empfänger einer Dividende eine inländische Kapitalgesellschaft wie zum Beispiel eine AG oder GmbH, so kann die Einnahme je nach der Art der Beteiligung an der anderen Kapitalgesellschaft steuerfrei oder steuerpflichtig sein.

Ist die Ausschüttung der Dividende als Leistung aus dem steuerlichen Einlagekonto erfolgt, so hat die Gesellschaft diese Ausschüttung als solche zu kennzeichnen. Diese Ausschüttung gilt dann als steuerfreie Rückzahlung der Einlagen an die Anteilseigner und mindert die Anschaffungskosten. Sie ist keine steuerbare Einnahme und unterliegt damit weder dem Steuerabzug in Höhe von 25 % noch der Einkommensteuer; sie wird in der von den Kreditinstituten erstellten und beim Finanzamt einzureichenden Steuerbescheinigung ausgewiesen, ist jedoch nicht in der jeweiligen Anlage der Einkommensteuererklärung anzugeben.

Die Dividendenrendite im englischen Dividend yield, ist die Dividende, ausgedrückt als Anteil am Aktienkurs. Dieser Anteil wird normalerweise in Prozent angegeben, kann aber auch in Währungen ausgewiesen werden.

$$\frac{\underline{Dividende}}{Aktienkurs} \times 100\%$$

Die Dividendenrendite ist eine der klassischen Kennzahlen zur Bewertung einer Aktie. Die Dividendenrenditen von DAX-Werten liegen zum Beispiel gewöhnlich bei 2 % bis 3 %. Hintergrund dieser Kennzahl ist, dass eine vom Betrag her hohe Dividende weniger Ertrag bringen kann als eine vom Betrag her niedrige Dividende, wenn man den Bezug zum jeweiligen Aktienkurs nicht herstellt. So besitzt eine 10 % Rendite bei einem Aktienkurs von 1,- € lange nicht den gleichen Wert wie eine 3 % Rendite bei einem Kurs von zu Beispiel 200,- €.

Wichtig ist hierbei die Dividendenrendite von der Aktienrendite zu unterscheiden. Während die Dividendenrendite das Verhältnis der Dividende zum gegenwärtigen Kurs beschreibt, ist die Aktienrendite eine Maßzahl dafür, wie sich der Wert eines Aktienengagements über einen Zeitraum hinweg entwickelt hat und berücksichtigt sowohl die in dem Zeitraum angefallenen Dividenden als auch die möglicherweise eingetretenen Kursänderungen. Man spricht bei dieser Kombination von Kursverlauf und Dividendenrendite auch von der Performance einer Aktie.

Wenn zum Beispiel drei Euro Dividende pro Aktie zu 55 Euro gezahlt werden ergibt dies eine Dividendenrendite von 5,5 %, das ist dann besser als sechs Euro Dividende pro Aktie zu 125 Euro mit einer Dividendenrendite von 4,8 %. Siehe hierzu auch das Beispiel weiter oben im Text. Die veröffentlichten Dividendenrenditen beziehen sich üblicherweise auf die vom betreffenden Unternehmen zuletzt an die Aktionäre ausbezahlte Dividende sowie dem Kurs der Aktie, allerdings gilt für die Berechnung immer der aktuelle Kurs. Für einen Investor, der die Aktie billiger als zum aktuellen Kurs gekauft hat, erhöht sich damit seine persönliche Dividendenrendite und umgekehrt je nach Kurs Verlauf. Dazu ein Beispiel wenn eine Aktie bei 20 Euro gekauft wurde. Der aktuelle Kurs beträgt 43 Euro beträgt und die aktuelle Dividende sich auf 2 Euro je Aktie beläuft. Dann ist die veröffentlichte Dividendenrendite

$$\frac{2 \ \text{EURO}}{43 \ \text{EURO}} \times 100\% = 4{,}7\%$$

und die persönliche Dividendenrendite

$$\frac{2 \ \text{EURO}}{20 \ \text{EURO}} \times 100\% = 10\%$$

Wie wichtig die Dividendenrendite als Kennzahl im Aktienhandel ist, kann man auch daran sehen das die 15 Aktiengesellschaften des DAX mit der höchsten Dividendenrendite im Aktienindex DivDAX zusammengefasst sind. Dividenden gelten auch immer als Indiz für die wirtschaftliche Stärke eines Unternehmens.

Im Idealfall sollte ein Unternehmen seine jährliche Ausschüttung danach bemessen, welchen Teil seines Überschusses es nicht für Investitionen oder die Bedienung von Schulden wie Zinsen oder Tilgung verwenden kann. Dieser Anteil ist von Fall zu Fall unterschiedlich. Unternehmen, die stark wachsen, sich entschulden wollen oder hohen Investitionsbedarf haben, um ihre Wettbewerbsposition zu halten, schütten im Regelfall keine oder nur eine geringe Dividende aus. Kann ein Unternehmen dagegen nicht mehr wachsen oder muss es für seinen Betrieb geringe Investitionen tätigen, so kann es, sofern keine Firmenzukäufe oder ähnliches geplant sind, praktisch seinen gesamten Gewinn nach Zinsen und Steuern als Dividende ausschütten. Dadurch weisen Unternehmen aus der zweiten Kategorie oft vergleichsweise hohe Dividendenrenditen aus, obwohl dahinter nicht notwendigerweise ein höherer Gewinn oder gar ein profitableres Unternehmen steht. In die erste Kategorie fallen oft Technologieunternehmen, in die zweite Kategorie zum Beispiel Versorgungsunternehmen.

Gelegentlich kommt es vor, dass die aktuelle Dividende mit dem Geschäftserfolg des Unternehmens nicht übereinstimmt. Die Ursachen dafür können in der Branche oder auch im jeweiligen Unternehmen selbst liegen. Ein Unternhemen das bereits in einer Krise steck kann versuchen über die Dividendenzahlungen seine Aktionäre bei der Stange zuhalten, um einen weiteren Wertverlust über einen fallende Kurs zu vermeiden. In manchen Branchen kann es auch eine notwendig sein Dividendenzahlungen in gewohnter Höhe aufrecht zu erhalten weil die Wirtschaftlichenprobleme des Unternehmens Zeitlich begrenzt sind oder bereits absehbar und damit in der Finanzplanung berücksichtigt wurden. So haben beispielsweise Rückversicherungsgesellschaften damit zu kämpfen, dass im Schnitt etwa alle fünf Jahre große Naturkatastrophen eintreten, die die ansonsten erzielten

Gewinne aufzehren. Um die Aktionäre in solchen Geschäftsjahren „bei der Stange zu halten", wird die Dividende im Regelfall in voller Höhe weitergezahlt. Dies geschieht in der Regel nicht zum Schaden des Unternehmens, weil Rückversicherer auf solche Fälle von Geschäfts wegen vorbereitet sind.

Die bekanntesten Zitate von Warren Buffett

- Eine Meinungsumfrage ersetzt nicht das selbständige Denken.

- Die Ketten, die unsere schlechten Angewohnheiten uns anlegen, nehmen wir erst wahr, wenn wir sie nicht mehr sprengen können.

- Ich wusste immer, dass ich reich werden würde. Ich glaube nicht, dass ich jemals eine Sekunde daran gezweifelt habe.

- Ich bin fest davon überzeugt, dass es auf der ganzen Erde nicht so viele komplette Schnarchnasen gibt wie in den Vereinigten Staaten. Niemand kann sich eine angemessene Vorstellung davon machen, der noch nicht hier war.

- Ich trage teure Anzüge. Aber an mir sehen sie billig aus.

- Ich fühle mich nicht schuldig wegen meines Vermögens. So wie ich es sehe, habe ich einfach eine ganze Menge Berechtigungsscheine gegen die Gesellschaft. So als ob ich diese kleinen Papierstücke in Konsum umwandeln könnte. Wenn ich wollte, könnte ich 10.000 Leute anheuern, die nichts anderes täten, als den Rest meines Lebens jeden Tag ein Bild von mir zu malen. Das Bruttosozialprodukt würde dadurch steigen. Aber das Ergebnis wäre sinnlos und ich würde diese 10.000 Leute davon abhalten, über AIDS zu forschen, zu unterrichten oder Kranke zu pflegen. Deswegen tue ich das nicht. Ich verwende nur wenige dieser Berechtigungsscheine. Es gibt nicht viele materielle Güter, die ich gerne besitzen würde.

Wenn meine Frau und ich gestorben sind, vermache ich alle diese Berechtigungsscheine der Wohlfahrt.

- Ich habe nicht vor, über sieben Fuß hohe Hürden zu springen. Ich suche einen Fuß hohe Hürden, die ich mit einem Schritt übersteigen kann.

- Ich versuche nicht Geld an der Börse zu verdienen. Ich kaufe immer in der Annahme, dass sie die Börse am nächsten Tag schließen und fünf Jahre nicht mehr aufmachen.

- Wenn ein Unternehmen sich gut entwickelt, wird der Börsenkurs folgen.

- Wenn die Vergangenheit das Maß aller Dinge wäre, wären die reichsten Leute die Archivare.

- Wenn du zu den glücklichsten 1 Prozent der Menschheit gehörst, schuldest du es dem Rest der Menschheit, dir Gedanken über die anderen 99 Prozent zu machen.

- Im Geschäftsleben ist der Rückspiegel immer klarer als die Frontscheibe.

- Investoren, die in einem überhitzten Markt kaufen, müssen sich darüber klar werden, dass es oft eine lange Zeit braucht, bis auch der Wert eines herausragenden Unternehmens den Preis erreicht, den sie dafür bezahlt haben.

- Es dauert zwanzig Jahre, sich eine Reputation zu erwerben und fünf Minuten, sie zu verlieren. Wenn man das im Auge behält, handelt man anders.

- Es ist besser, sich mit Leuten abzugeben, die besser sind als man selber. Wähle dir einen Kompagnon, dessen Verhalten besser ist als deines und du wirst dich ihm anpassen.
- Es ist viel besser, ein hervorragendes Unternehmen zu einem guten Preis zu kaufen als ein gutes Unternehmen zu einem hervorragenden Preis.
- Ich habe mich widerstrebend von dem Gedanken verabschiedet, mein Portfolio nach meinem Tod weiter zu managen – meine Hoffnung aufgebend, dem Begriff »über den Tellerrand schauen« eine neue Bedeutung zu geben. (im Original *'thinking outside the box.'* Box ist hier doppeldeutig auch als Sarg zu verstehen.)
- Überlass es den Holzköpfen zu lesen, was Holzköpfe geschrieben haben.
- Betrachte Fluktuationen am Markt als Freund, nicht als Feind. Profitiere vom Börsenwahn statt mit ihm mitzumachen.
- Vor langer Zeit hat uns Sir Isaac Newton drei Gesetze der Bewegung gegeben, die das Werk eines Genies sind. Aber Sir Isaacs Talente erstreckten sich nicht auf das Investieren: Er verlor eine Menge Geld im Südseeschwindel und erklärte später: »Ich kann die Bewegung der Sterne berechnen, aber nicht die Verrücktheit der Menschen.« Wäre er von seinem Verlust nicht so traumatisiert gewesen, hätte Sir Isaac vielleicht noch ein viertes Gesetz der Bewegung gefunden: Für Investoren im Allgemeinen gilt: je

größer die Bewegung, desto kleiner der Gewinn.

- Die meisten Leute interessieren sich für Aktien, wenn alle anderen es tun. Die beste Zeit ist aber, wenn sich niemand für Aktien interessiert.
- Verlass dich niemals darauf, einen guten Verkaufspreis zu erzielen. Halte den Einkaufspreis so niedrig, dass selbst ein mittelmäßiger Verkauf ein gutes Ergebnis bringt.
- Bei den Milliardären, die ich kenne, bringt das Geld nur ihre grundlegenden Charakterzüge zum Vorschein. Wenn sie Deppen waren, bevor sie zu Geld kamen, sind sie hinterher immer noch Deppen, aber mit einer Milliarde Dollar.
- Kaufe nur etwas, das du auch gerne behalten willst, wenn die Börse für zehn Jahre schließt.
- Erst wenn die Ebbe kommt, wirst du sehen, wer nackt geschwommen ist.
- Unsere bevorzugte Haltezeit ist: für immer.
- Der Preis ist was du zahlst. Der Wert ist was du bekommst.
- Ein Risiko entsteht, wenn du nicht weißt, was du tust.
- Das Risiko ist Teil von Gottes Spiel, für alle Menschen und Nationen in gleichem Maße.
- Regel Nr. 1: Verliere niemals Geld. Regel Nr. 2: Vergiss niemals Regel Nr. 1.
- Solltest du einmal in einem ständig leckenden Boot sitzen: der Aufwand, das Gefährt zu wechseln, ist produktiver als der Aufwand, die Lecks zu stopfen.
- Die wirtschaftswissenschaftlichen Fakultäten

zeichnen lieber schwierige und komplizierte Verhaltensweisen als einfache aus, aber einfache Verhaltensweisen sind effektiver.

- Der Investor von heute profitiert nicht vom Wachstum von gestern.
- Konzentrieren Sie Ihre Investments. Wenn Sie einen Harem mit vierzig Frauen haben, lernen Sie keine richtig kennen.
- Der richtige Zeitpunkt, diese Anteile zu kaufen ist an Tagen ohne Y im Namen.
- Je klüger die Journalisten sind, desto besser für eine Gesellschaft. Bis zu einem gewissen Grad lesen Leute die Zeitungen, um sich zu informieren – und je klüger der Lehrer, desto klüger die Schüler.
- Es gibt eine Menge Geschäftsfelder, von denen Charlie und ich nichts verstehen, aber das verursacht uns keine schlaflosen Nächte. Es bedeutet nur, dass wir zum nächsten weitergehen, und das sollte jeder Investor tun.
- Es scheint da einen gewissen perversen menschlichen Charakterzug zu geben, der gerne einfache Dinge kompliziert macht.
- Die Zeit ist der Freund toller Unternehmen und ist der Feind der mittelmäßigen.
- Der Wert ist das was du bekommst.
- Institutionen, die mit Geschäftsanteilen handeln, ·Investoren· zu nennen ist wie jemanden, der nur One-Night-Stands hat, als ·romantisch· zu bezeichnen.
- Wir werden nicht für Aktivität bezahlt, nur dafür Recht

zu haben. We don't get paid for activity, just for being right. As to how long we'll wait, we'll wait indefinitely.

- Wir lieben den Prozess weit mehr als den Fortgang.
- Wir versuchen einfach, vorsichtig zu sein wo andere gierig sind und gierig wo andere vorsichtig sind.
- Wenn jemand gute Aktien hat, wäre er verrückt, wenn er sie nur wegen eines Kursrückschlags verkaufen würde. Ich suche Unternehmen, die ich verstehe und von deren Zukunftsaussichten ich überzeugt bin.
- Wer sich nach den Tipps von Brokern richtet, kann auch seinen Friseur fragen, ob er einen neuen Haarschnitt empfiehlt.
- Warum nicht sein Geld nur in Unternehmen investieren, die man wirklich liebt? Wie Mae West sagte: »Ein Übermaß an guten Dingen kann etwas Wundervolles sein.«
- Das Risiko streuen müssen nur Investoren, die nicht wissen was sie tun.
- Man sollte nur in Firmen investieren, die auch ein absoluter Vollidiot leiten kann, denn eines Tages wird genau das passieren!
- Man muss im Leben nur sehr wenig richtig machen, solange man nur nicht allzu viel falsch macht.
- Die Frage, wie man reich wird, ist leicht zu beantworten. Kaufe einen Dollar, aber bezahle nicht mehr als 50 Cent dafür.
- Reich wird, wer in Unternehmen investiert, die weniger kosten, als sie wert sind.

Quellenangabe

- Wikipedia.de
- Wirtschaftslexikon24.com
- boerse-online.de
- boersen-lexikon.de

Herstellung und Verlag:
BoD – Books on Demand, Norderstedt
ISBN 978-3-7322-45566-6